K

L'AUTRICHE

AU BAN DE L'EUROPE

—

MARTYRE DE L'ITALIE

—

MISSION DE LA FRANCE

Par Mme B*** de B.

D'AVIGNON.

L'homme propose et Dieu dispose.

(PROVERBE.)

Avignon, 1er avril 1859.

Dijon, imprimerie Loireau, J.-E. Rabutôt, successeur.

A l'Italie.

AU LECTEUR

Qu'une simple femme, dérogeant pour quelques heures aux mesquines habitudes de son sexe, et rompant en visière avec d'antiques préjugés, s'élance bravement dans l'arène où luttent à outrance les défenseurs de la justice et les partisans de l'absolutisme ; qu'elle ose affronter l'opinion et se mêler aux luttes politiques de son temps ; qu'elle vienne, intrépide amazone, sans autre mobile que la loyauté de son cœur, sans autre bouclier que la sainteté de sa cause, grossir les rangs des généreux athlètes de la vérité, voilà que soudain se dresse contre elle la tourbe niaise et moutonnière des esprits rétrogrades, des égoïstes, et des douaniers de la pensée, — pauvres gens qui auraient dû naître deux cents ans plus tôt !...

Préjugé, stupide préjugé, jusques à quand posséderas-tu le sceptre du monde ?...

Citoyen de mon siècle, membre éclairé de la grande famille humaine, voici ma réponse : Prophétesse Débora, toi qui jugeais les différends de ton peuple à l'ombre d'un palmier, lève-toi !... Héroïque veuve de Béthulie, qui tranchas la tête de l'impudique Holopherne, lève-toi !.......... Lève-toi surtout, bergère de Vaucouleurs, ravissante image de ma patrie, toi, pauvre paysanne, dont le corps immaculé raviva le corps flétri de la France !... Levez-vous, femmes illustres qui fûtes l'ornement de votre siècle, et venez dire à ces hommes infatués d'eux-mêmes, qui nous accordent à peine le droit de parler dans un salon, si la femme n'a pas été presque toujours la missionnaire de Dieu pour les grandes choses qu'il accomplit dans le monde !

Grands génies qui êtes aujourd'hui sur le piédestal de la gloire, peut-être eussiez-vous rampé toute votre vie dans les obscurs sentiers de la médiocrité, sans les secrètes et, passez-moi le mot, sans les viriles inspirations d'une fidèle Egérie ?

Certes, ce n'est pas nous qui nous ferons jamais l'apôtre de ce qu'on a bien voulu appeler l'émancipation illimitée de la femme... Non ! — Les utopies ne sont bonnes à rien ; mais, d'un autre côté, nous réclamons énergiquement contre ces prétendues lois dictées par l'arbitraire, qui réduiraient bientôt à l'état de paria l'intelligente et dévouée compagne de l'homme : comme si la faible poitrine d'une fille d'Eve ne battait pas aussi chaudement que la mâle poitrine du roi de la création, pour la justice, pour le progrès, pour la liberté ; comme si la femme n'avait pas une fonction sociale à remplir ; comme si elle ne pouvait pas aider l'homme dans sa mission civilisatrice; comme si, dans sa maternelle sollicitude pour la nouvelle génération, elle ne pouvait pas apporter sa petite pierre au grand édifice de l'avenir! Ah! s'il ne lui convient pas de porter l'épée, qu'il ne lui soit pas du moins défendu de combattre avec la plume, quand l'intérêt de l'humanité l'exige, quand il y a une grande cause à servir.

Je devais cette réponse aux esprits prévenus. Et maintenant, je vous le demande, est-il de nos jours une plus grande cause que la sainte cause des peuples? Et, parmi ces causes, en est-il une plus digne d'occuper tout esprit en qui n'est pas complètement éteint le sentiment de la fraternité, que la cause italienne? Elle préoccupe l'Europe entière; elle tient en éveil l'opinion publique.... Italie!.... Nom magique qui nous fait palpiter d'enthousiasme: Patrie de Galilée et de Christophe Colomb, de Dante et de Michel-Ange, je te salue! Italiens, mes frères, c'est à vous que je dédie mon humble travail : c'est le denier de la veuve. Puisse-t-il apporter un peu de soulagement à vos maux et faire briller un rayon d'espoir dans vos âmes ! Puissent ces quelques grains, jetés à l'aventure dans le champ fécond de l'humanité, produire bientôt des fruits au centuple!

Deux mots sur l'opuscule que je me hâte de livrer au vent de la publicité :

Est-ce un ouvrage de diplomatie, d'économie sociale ou de politique? Non, certes, non. C'est comme qui dirait un chant d'opprobre pour l'Autriche, un chant d'espérance pour l'Italie, un chant de gloire pour la France; c'est un fer chaud pour le tyran, une couronne pour le martyr, un appel au cœur généreux du libérateur!!!

PROLOGUE

C'était par une pâle nuit de mars; un disque rougeâtre ceignait l'orbe de la lune; quelques rares étoiles scintillaient au firmament; un lourd silence pesait sur la nature... Telle devait être la nuit pendant laquelle le sombre Ezéchiel eut sa terrible vision.

J'étais appuyée à l'embrasure de ma fenêtre; je regardais le couchant. Mille ombres fantastiques se jouaient dans le lointain; je rêvais sur les temps qui ne sont plus, et je méditais sur la triste condition des peuples qui ont perdu leur nationalité.

Mes sens étaient plongés *dans ces limbes de la vie où la réalité s'endort...*

Et voilà qu'une ombre immense se dresse devant moi;..... apparition fantastique et indéfinissable, portant à la main droite une branche d'olivier entre les rameaux de laquelle flottaient des banderolles de diverses couleurs.

C'était le Génie des peuples... Au même instant, mes yeux furent voilés d'un large bandeau; un frisson indescriptible parcourut mes veines ; je me sentis saisie par une force invisible qui m'enleva dans les champs de l'espace.

Je ne sais combien de temps dura ce voyage aérien, car toutes les facultés de mon être avaient été, pour ainsi dire, anéanties par ce brusque enlèvement ; toujours est-il qu'il me sembla reprendre une nouvelle vie : quelque chose de surnaturel s'était passé en moi ; mon corps était devenu diaphane ; j'avais l'agilité de l'oiseau et la vue perçante du lynx.

Et je me trouvai sur une haute montagne qui dominait une grande étendue de pays ; et à mes côtés se tenait l'apparition. — « Regarde ! » me dit le Génie des peuples ; et je regardais (car le bandeau n'était plus devant mes yeux).

Et je vis tout autour de la montagne se dérouler une immense plaine, arrosée par une infinité de rivières aux eaux limpides ; des arbres de toute espèce élevaient vers le ciel leurs branches desséchées ; on voyait çà et là de grandes prairies dont l'herbe était fanée ; de maigres troupeaux de brebis faisaient entendre leurs bêlements plaintifs. Les orangers, les lauriers-roses étaient en grand nombre dans cette plaine ; mais ces arbustes ne parfumaient pas l'air de leurs senteurs : toutes les fleurs inclinaient tristement vers la terre leurs corolles flétries. Cette plaine n'était pas autre chose qu'un vaste jardin, le jardin de la nature ; mais on voyait qu'un rigoureux hiver et que des vents brûlants avaient passé par là.

Au pied d'un orme séculaire une femme était couchée ; ses cheveux tombaient épars et négligés sur ses épaules ; elle était à demi-vêtue ; sur son sein ridé et meurtri par la douleur se voyaient de nombreuses et profondes cicatrices ; un gros anneau de fer rivé à la racine de l'orme lui retenait les pieds ; ses yeux humides de larmes répandaient une douce mélancolie. Malgré la pâleur de ses traits, malgré l'air de poignante souffrance qui s'exhalait de tout son extérieur, elle était d'une beauté ravissante ; jamais poète, dans ses extases, ne rêva création plus angélique. Je la prenais pour une Hécube moderne sous le faix d'une immense infortune, pour l'incarnation vivante d'une des madones de Raphaël, ou pour la statue de la Douleur, quand une voix, mélancolique comme les gémissements d'une âme en peine, douloureuse comme un chant de mort, vint frapper mes oreilles.

C'était la femme qui pleurait ses infortunes. . . .

. . . .

Et en même temps, mes yeux se tournèrent du côté du nord, et je vis arriver un énorme vautour portant dessinés sur ses ailes tous les emblêmes du despotisme et de l'astuce.....

Et l'énorme vautour était suivi d'une nuée de chats-huants,.... l'air en était obscurci ; et ils se répandirent dans le vaste jardin.

Et je vis le terrible oiseau de proie tournoyer lentement dans les airs au-dessus de la femme enchaînée ; il louvoya quelques instants ; puis, fondant avec la rapidité de l'éclair sur le Prométhée de la plaine, il me sembla voir le monstre enfoncer ses ongles crochus dans le sein de sa victime, rouvrir ses blessures cicatrisées, en sucer le sang, puis, repu et satisfait, reprendre son vol vers son infâme repaire.

Et la femme, d'une voix mourante, appelait ses enfants : elle gémissait plus fort, et ses gémissements me faisaient mal au cœur.....

Dans un coin de la plaine s'étaient rassemblés les enfants de la femme ; ils rugissaient comme de jeunes lions ; ils aiguisaient leurs sabres ; ils se comptaient, les pauvres ;.... mais ils ne se trouvaient pas assez nombreux ; ils ne se trouvaient pas assez forts ; car, terribles et innombrables étaient les geôliers de la femme, terribles et innombrables étaient leurs munitions de guerre.

Et moi je regardais le ciel, et je priais Celui qui peut tout ce qu'il veut, d'envoyer du secours aux enfants de la femme ;.... et voilà qu'un nuage de feu passa devant ma face, et la scène changea, et j'aperçus une grande ville sur laquelle planait le Temps ; et les rues de cette ville étaient presque toutes désertes : au milieu d'une place unie comme la surface d'un lac, un temple était là élevant dans les airs son dôme majestueux, et ce temple surpassait en beauté le temple de Salomon.

La porte en était entr'ouverte ; une lueur blafarde éclairait le sanctuaire ; sur l'autel était une croix toute voilée d'un crêpe noir ; au pied de la croix se trouvait un grand tableau représentant la victime de l'orme séculaire.

Sur les dalles du temple priait, à genoux, un vieillard vénérable comme le saint patriarche d'Israël; une tiare ceignait son front, sur lequel se reflétait une majesté divine;.... d'une main, le vieillard tenait des clefs qui paraissaient fort anciennes et qui ne portaient pas, cependant, l'empreinte destructive du Temps;.... de l'autre, il se frappait la poitrine....

Et le vieillard était triste, et il levait les yeux vers la croix; puis, les reportant vers le tableau : « — Pardon, Seigneur! s'écriait-il; paix, justice et réhabilitation! réconciliez les hommes! — »

Et moi j'étais anéantie, terrifiée par tant d'émotions; la pitié, l'angoisse, la colère me navraient le cœur.... Quand donc, me disais-je, quand viendra le jour de la délivrance?

Et le Génie des peuples se tournant vers moi me souffla doucement à l'oreille : — « Courage, ma fille, l'heure est venue! » Et au même instant le fatal bandeau voila mes yeux une seconde fois : je sentis que je m'affaissais sur moi-même, et puis je ne sentis plus rien. . . . .

. . . .

LIVRE PREMIER

L'AUTRICHE AU BAN DE L'EUROPE

Est-ce d'aujourd'hui seulement que la race Tudesque fait peser son joug de plomb et son illégitime domination sur la malheureuse Italie?... Non.

Ce joug et cette domination sont-ils souverainement paternels, comme voudraient nous le faire entendre certains écrivains absolutistes de l'*Univers* et de l'*Armonia*?... Non. Non.

L'Autriche a-t-elle agi loyalement dans ses diverses relations avec les puissances européennes?... Non. Certes non.

CHAPITRE PREMIER

Commencement et durée de la domination tudesque en Italie.

Armés du flambeau de l'histoire, évoquons d'abord les temps passés, et voyons ce qu'ils nous répondent.

Quand le grand Charlemagne fut descendu dans la tombe, le sceptre qu'il avait si glorieusement porté se trouva trop lourd pour les mains débiles de ses successeurs dégénérés. Dès lors la merveilleuse unité de son vaste empire se démembra, et l'Europe féodale naquit de ses débris. L'Italie se morcela en une foule de petits Etats libres et indépendants, mais que leurs divisions intestines affaiblirent successivement.

Au nord, entre les monts neigeux du Tyrol et les sombres forêts de la Silésie, s'était formé l'Empire germanique. On eût dit que les chefs de cet empire recevaient de père en fils, comme un glorieux apanage, l'ambition démesurée de s'agrandir aux dépens des peuples voisins : les régions hyperborées, avec leurs frimas, leurs neiges, leurs marais fangeux et leurs bois de sapins, ne les tentèrent pas ; ils se tournèrent du côté de l'Italie, et, dès cette époque, ce peuple infortuné a été considéré comme la proie légitime de ces nouveaux barbares. — Appelez-les Saxons, Allemands ou Autrichiens, peu importe.

Cependant, pour ne pas nous écarter des sentiers de la justice, il est bon de faire ici une remarque : notre but, dans ces considérations, est bien de prouver que la domination tudesque pèse, depuis le moyen âge, sur la Péninsule italienne ; mais nous prions de ne pas confondre les Allemands de nos jours avec les Allemands du temps de Barberousse. L'Autriche non plus n'est pas l'Allemagne ; et si, par le temps qui court, nous pouvons regarder le cabinet de Vienne comme le garde-fou du despotisme en Europe, nous voyons, d'un autre côté, la patrie des Klopstock, des Gœthe et des Herder entrer à pleines voiles dans le grand port de la civilisation...

Nous constaterons seulement que, de toutes les phases de la domination tudesque sur la Péninsule, la phase autrichienne, qui a commencé à la chute de Napoléon-le-Grand, et dont nous voyons encore la continuation, a été la plus barbare, la plus illégitime, la plus odieuse et la plus machiavélique.

I. — Phase de la domination tudesque en Italie, au Xe siècle.

Othon-le-Grand, de la maison de Saxe, arbore le premier l'étendard de la conquête; des troubles survenus dans la ville de Rome réveillent l'appétit insatiable de l'ambitieux monarque, qui sait bien en profiter; il passe les Alpes, range l'Italie sous sa domination, et pour un siècle asservit l'Eglise à la féodalité. Othon-le-Sanguinaire, son fils, et Othon III, son petit-fils, maintiennent et conservent, par le meurtre et la dévastation, les conquêtes de leur père.

Quel droit les Othons avaient-ils sur l'Italie? — Le droit des Attila, des Genséric, des Tamerlan..., le droit du plus fort...

II. — Phase de la domination tudesque en Italie, au XIe siècle.

Le peuple romain jouissait depuis des siècles d'un droit inaliénable, imprescriptible, du droit d'élire ses pontifes : père des Romains et chef de la chrétienté, le pape était tout à la fois l'élu du peuple et l'élu de Dieu... Voici venir un Henri III, de la maison de Franconie, qui, sous le spécieux prétexte de faire cesser quelques abus inévitables à la forme élective, dépouille le peuple de ses droits et se réserve l'élection des pontifes à venir. De là l'empiétement du temporel sur le spirituel ; de là la fameuse querelle des investitures ; de là mille tyrannies sur les peuples italiens de la part des empereurs..... Et, quelques années plus tard, pour faire cesser de pareilles abominations, il ne faudra rien moins que le génie, la fermeté et la rudesse démocratique d'un Hildebrand.

Quel droit Henri de Franconie avait-il sur le peuple romain ? — Le droit des Attila, des Genséric, des Tamerlan..., le droit du plus fort...

III. — Phase de la domination tudesque en Italie,
au commencement du XVIe siècle.

Au milieu des plaines fertiles de la Lombardie, fière de son indépendance, fière de ses souvenirs, Milan étalait tranquillement au soleil la beauté de ses rues, le luxe de ses palais, la magnificence de ses basiliques. Un cri sinistre vient de se faire entendre : c'est Barberousse. Avide de sang et de carnage, il fond sur Milan, détruit de fond en comble la reine des cités lombardes, et fait semer le sel, passer la charrue sur l'emplacement de la ville chérie de saint Ambroise. Crémone éprouve le même sort. L'Italie est en feu : des frères s'entr'égorgent pour un étranger... Les Hohenstaufen sont la pierre de touche des animosités guelfes et gibelines. Les voilà, par leur alliance avec la race normande des Deux-Siciles, les voilà tenant sous leurs serres formidables le nord et le midi de la Péninsule.

Quel droit les Hohenstaufen avaient-ils sur Milan et les villes lombardes? — Le droit des Attila, des Genséric, des Tamerlan..., le droit du plus fort...

IV. — Phase de la domination tudesque en Italie, de 1520 à 1560.

La dignité impériale est concédée par les électeurs à un prince de la maison de Habsbourg; l'Autriche apparaît pour la première fois sur la scène du monde; elle est faible à l'origine; mais vous verrez qu'elle va bientôt s'agrandir et absorber à son profit presque tous les Etats d'Allemagne, commençant dès le berceau cette politique de renard qu'elle continue encore de nos jours avec une effrayante persévérance. Plus que jamais l'Italie, la terre du Midi, est l'objet des convoitises du Nord... L'Italie, avec son ciel pur et brillant, son climat voluptueux, ses coteaux enchanteurs, ses plaines luxuriantes!...... L'Italie, avec ses villes joyeuses et animées, ses artistes, ses musiciens, ses *piferari* et ses poètes!... L'Italie, cet Eden de l'Europe, a été de tout temps le point de mire de la race germanique.

Vers le milieu du XVIe siècle, la domination autrichienne en Italie se personnifie dans Charles-

Quint, l'hypocrite rejeton de Jeanne-la-Folle : il fait de l'Italie le théâtre de ses guerres iniques et désastreuses ; il déchaîne sur cette pauvre victime les bandes luthériennes... ; il se fait couronner à Bologne empereur et roi d'Italie.

« La France abdique son protectorat. » A partir de cette époque, l'Autriche n'a plus de barrières dans la Péninsule ; désormais sa tyrannie est appuyée sur des bases solides ; le tigre ne lâchera plus sa proie ; « l'Italie a cessé d'exister comme nation. » [*]

Quel droit Charles-Quint avait-il sur cette malheureuse contrée ? — Le droit des Attila, des Genséric, des Tamerlan..., le droit du plus fort...

V. — Dernière phase de la domination tudesque en Italie, depuis la fin du XVIIIe siècle jusqu'à nos jours.

Nous disons dernière phase, parce que nous croyons fermement et nous sommes intimement convaincu que les temps de la grande réparation sont arrivés.

A l'aurore de ce siècle, un homme apparut, et cet homme, que l'on a tant calomnié, voulait l'unité européenne, la sainte alliance des peuples, l'abolition de la féodalité des mers ; il voulait un code européen, un institut européen, une cour de cassation européenne ; il voulait l'uniformité des lois, des monnaies, des poids et des mesures, en un

---

[*] Théophile Lavalée (*Histoire des Français*).

mot, la fraternité universelle…. Et cet homme, qui fut le plus grand génie des temps modernes, avait du sang italien dans les veines. La gloire, la liberté, l'indépendance de l'Italie par les idées françaises, furent le rêve de sa vie, l'objet de sa constante sollicitude.

Puis, un jour… quand son astre eut pâli, quand la perfide Albion l'eut enchaîné sur le rocher de Sainte-Hélène, le pauvre empereur! alors un essaim d'égoïstes et d'ambitieux se rua sur son vaste Empire; alors la domination tudesque pesa plus lourdement que jamais sur la haute Italie; alors la reine de l'Adriatique, la fière patrie de Marino-Faliero. fut traînée dans la boue de l'infamie et du déshonneur, le lion de Saint-Marc fut dépouillé de sa terrible et superbe crinière; alors, dans l'antre de l'absolutisme, fut forgé, par les vieux roués de la diplomatie et par l'astucieux Metternich, le Talleyrand de l'Autriche, cet infamant traité de 1815, charte abominable que l'hypocrisie, l'injustice et le despotisme dictèrent à l'Europe épuisée et livrée à de vils oppresseurs!!!

Italiens, mes frères! que n'ai-je le pinceau de Tacite ou le stylet vengeur de votre Alighieri pour river aux charniers de l'histoire ces hommes corrompus qui, pour reconnaître les dîners princiers de la cour de Vienne, dispensaient en sa faveur les territoires, les peuples, les pouvoirs, et, d'un trait de plume, rayaient froidement de la carte du monde les nations qui avaient autrefois le plus servi la cause de l'humanité!……

Et c'est ce traité inique que la cour de Vienne ose invoquer aujourd'hui pour légitimer ses prétentions despotiques sur un peuple martyr ! Mais depuis la conclusion de ce traité qu'avons-nous vu ? Nous avons vu se renouveler, en plein XIXe siècle, des actes de barbarie dignes des temps féodaux ; nous avons vu la tactique autrichienne s'efforcer par tous les moyens possibles d'anéantir complètement dans le cœur des Italiens tout sentiment de nationalité ; nous avons vu le patriotisme rougir de son sang le plus pur l'autel dégoûtant de la corruption !

Quel droit la cour de Vienne a-t-elle aujourd'hui sur la Lombardie, sur la Vénétie, sur les duchés de Parme et de Modène ?..... — Le droit des Attila, des Genséric, des Tamerlan..., le droit du plus fort...

Ma conclusion est celle-ci : Pendant près de dix siècles la domination tudesque s'est arbitrairement imposée à la Péninsule italienne ; pendant près de dix siècles il y a eu antagonisme entre l'homme du Nord et l'homme du Midi, entre la force et le droit : que la force s'appelle Henri III, Barberousse, Haynau ou Radetski ; que le droit s'appelle Grégoire VII, Alexandre III, Pie IX, Manin ou Charles-Albert, il n'en est pas moins vrai que, jusqu'à nos jours, la force n'a cessé d'opprimer le droit. Or, eu égard au degré de civilisation où nous sommes parvenus, pareil état de choses ne peut pas durer plus longtemps : .... de gré ou de force, il faut que justice se fasse ; et, paraphrasant le mot si juste d'Anatole de la Forge, « La guerre, c'est la paix! » nous vous dirons : « Italiens, nos frères! voulez-vous avoir le repos, le bonheur et la prospérité? Voulez-vous jouir et à jamais de tous les glorieux et utiles priviléges d'une nation libre et indépendante?... Forgez des fusils, préparez des cartouches... Aux armes, oui, aux armes! votre cause est sainte; Dieu l'approuve et la bénit. En avant! pas de tergiversations. Franchissez enfin une bonne fois pour toutes le Rubicon de l'indépendance, et une fois franchi, ne regardez plus en arrière. L'Italie agonise, c'est vrai; mais l'agonie n'est qu'une transition. Bientôt vous allez vous réveiller pleins de force et de vigueur. Unissez-vous tous par le lien indissoluble du patriotisme : l'union fait la force; princes et peuples, aidez-vous mutuellement les uns les autres : qu'il n'y ait plus parmi vous ni Toscans, ni Vénitiens, ni Milanais, ni théocrates, ni libéraux, ni mazziniens! qu'il n'y ait que des patriotes, que des Italiens. Vous avez un bras droit : c'est le Piémont; enrôlez-vous et venez grossir les rangs de cette courageuse phalange sarde, si ardente, si généreuse, si patriotique; que des quatre vents souffle partout le mot d'ordre libérateur; Haine, haine à mort à la domination étrangère! »

Et si ma faible voix n'est pas assez autorisée pour trouver de l'écho, écoutez la voix retentissante de Timon : « ..... Armez-vous, partez, va-
« leureuse jeunesse! vos pères vous exhortent, vos

« mères voùs bénissent, et Dieu vous absout! Ne
« poussez qu'un cri : Italie! Italie! et que des
« Alpes aux Apennins ce cri de vie pour vous et
« de mort pour *vos tyrans* retentisse comme la
« foudre! Que chaque artisan et que chaque labou-
« reur se change en garde national, et que chaque
« garde national soit un guérilla! Que chaque
« caisse devienne pour vous un tambour, cha-
« que bout de fer un glaive, chaque bâton un
« assommoir! Que chaque pan de muraille soit
« une meurtrière, que de chaque buisson parte
« un coup de feu, que de chaque fontaine coule
« une eau empoisonnée, que chaque gorge de vos
« montagnes soit l'écho de votre appel et des râle-
« ments étouffés de leur agonie! Point de trève!
« point de merci! tout est permis contre les tyrans.
« Montez à vos clochers, et, à grandes volées, son-
« nez le tocsin sur ces misérables! traquez-les le
« jour, comme des bêtes fauves, traquez-les la
« nuit! Prenez-les par devant avec vos faux recour-
« bées et par derrière avec vos poignards! Courez
« sur leurs baïonnettes, enclouez leurs canons,
« faites-vous tuer, pourvu que vous tuiez! Le sabre
« d'une main, la torche de l'autre, percez leur
« sein, incendiez leurs camps, épouvantez leur
« sommeil! De quelques nations qu'ils soient, de
« quelques pays qu'ils viennent, cavaliers ou fan-
« tassins, chefs ou soldats, qu'il n'en sorte pas un
« seul, qu'il n'en reste pas un seul, et que l'Italie
« soit vengée! »

CHAPITRE II

Tyrannie de la domination autrichienne en Italie.

Il est en France, à Rome et en Piémont une certaine classe de personnes qui, acceptant comme des oracles les idées rétrogrades des rédacteurs de l'*Univers* et de l'*Armonia*, sont les ennemis irréconciliables de toute réforme, quelque juste et raisonnable qu'elle soit, et s'opiniâtrent à regarder, sur la foi d'un journaliste, le gouvernement autrichien comme le type du gouvernement paternel.

L'Autriche est maîtresse chez elle, nous n'avons rien à y voir ; examinons seulement les doux procédés, les mesures conciliantes de la cour de Vienne à l'égard des Italiens... Et notez bien que nous laissons les temps anciens de côté, que nous ne parlons ici ni des meurtres d'Othon-le-Sanguinaire, ni des atrocités de Frédéric Barberousse, ni des boucheries d'Eccellin-le-Féroce, le Procuste et le Phalaris de la Marche Trévisane, ni des épouvantables dévastations de Georges Fuensberg : non!... Nous prenons seulement l'Autriche du dix-neuvième siècle.

De bonne foi, est-ce gouverner bien paternellement que de faire massacrer des vaincus..., fouetter des femmes publiquement..., incendier des villes et détruire des moissons?.... Est-ce un gouvernement bien paternel que celui qui, sans autre prétexte que le plus odieux arbitraire, fait monter la garde à ses factionnaires avec des quartiers d'étudiants au bout de leurs baïonnettes?... Est-ce un gouvernement bien paternel que celui qui inscrit sur ses tables de proscription les artistes, les ouvriers, les laboureurs, les nobles, les guerriers, les écrivains, les orateurs et les poètes ; qui considère son prétendu peuple comme une vile troupe de valets..., qui regarde le jardin de l'Europe comme une simple expression géographique..., qui entrave la liberté de la presse..., qui établit partout le cordon soi-disant sanitaire de la censure..., qui enchaîne la liberté de conscience..., qui impose forcément à ceux qu'on appelle ses enfants, sa législation, sa langue et ses mœurs..., qui se sert de canons pour arguments..., qui ordonne le renversement de la statue de Napoléon, et qui fait tourner par des mouchards les mauvais rouages de sa machine politique?....

Pauvre Silvio! pauvre Maroncelli! vous tous, héroïques martyrs de la liberté, glorieux captifs du Spielberg! secouez la poussière de vos tombeaux, et venez nous dire si le gouvernement autrichien est un gouvernement paternel!.... Mais... les esprits sont assez irrités, n'en disons pas davantage....

Concluons seulement que la domination autrichienne en Italie est des plus arbitraires, des plus tyranniques, et que ce régime oppresseur ne saurait durer plus longtemps.

CHAPITRE III

Déloyauté de l'Autriche à l'égard des autres puissances.

Examinons maintenant la conduite de l'Autriche à l'égard des autres peuples. Voici d'abord un prince Albert qui, foulant aux pieds les droits les plus saints et les plus respectables, asservit une partie de la Suisse, noie cette généreuse république dans le sang de ses citoyens les plus recommandables, et envoie, dans les Trois-Cantons, l'exécrable Gesler... Gloire au paysan d'Uri !... Vive la flèche de Guillaume Tell !....

On sait les fourberies et les manœuvres de Charles-Quint contre la France : l'histoire est là pour anathématiser les ingratitudes de ce monarque déloyal envers un roi chevaleresque.

On sait aussi que, dans le grand écharpement de la Biche Polonaise, l'insatiable Autriche ne manqua pas de prendre sa large part.

Quand l'invasion étrangère menaça nos frontières, l'Autriche composait l'avant-garde de ces loups ravisseurs qui vinrent, à deux ou trois reprises, porter le ravage dans nos riches provinces.

La dernière guerre de l'indépendance italienne n'est certes pas si loin de nous, pour qu'on ne se rappelle pas la mauvaise foi de la cour de Vienne, les traités particuliers qu'elle passa, au mépris du droit des nations, avec les ducs de Parme et de Modène et avec le roi de Naples ; ses empiètements sur Ferrare et Bologne, et ses prétentions sur la Ville Eternelle,... prétentions trop bien servies malheureusement.

Et, de nos jours, de quoi se compose l'empire autrichien ?... Otez l'Autriche proprement dite : que reste-t-il ?... Des provinces volées ou subjuguées par astuce, violence, et la plus flagrante injustice : l'Italie, la Hongrie, la Bohême et une partie de la Pologne... Horreur ! Et l'on ne cite pas au ban de l'Europe cet infâme Barabbas !......

Tout le monde a vu quelle a été la conduite déshonorante de l'Autriche dans la dernière guerre, la guerre d'Orient. Tout récemment encore, ne vient-elle pas de s'opposer à l'une des plus grandioses entreprises des temps modernes, au percement de l'isthme de Suez ?

Donc, en tout temps, la politique autrichienne vis-à-vis des autres peuples a été déloyale, intéressée, vile et rétrograde ! L'Autriche est coupable du crime de lèse-nation ! Et notre titre est justifié lorsque nous disons : L'Autriche au pilori ! et que nous la mettons au ban de l'Europe. Donc, de Maistre avait raison de dire : « L'Autriche est la plus grande ennemie du genre humain ! »

LIVRE SECOND

MARTYRE DE L'ITALIE

CHAPITRE PREMIER

Souffrances et douleurs de l'Italie.

Jérusalem n'était plus ;... au bord de l'Euphrate, les enfants de Jacob mangeaient le pain de l'exil... Sur les ruines de Solyme vint s'asseoir le grand prophète des Lamentations ; sa harpe de tristesse à la main, il évoqua l'ombre de Sion ; elle apparut au-dessus de la montagne, et ces mélancoliques paroles vinrent frapper les échos d'alentour :

« O vous tous qui passez par cette route, considérez et voyez s'il est une douleur semblable à ma douleur : mes rues sont désertes, mes temples dévastés, mes enfants traînés en esclavage! Je suis veuve de mon ancienne gloire, j'ai perdu ma liberté : l'étranger s'est rué sur moi, il m'a chargée de chaînes, il m'a couverte d'opprobre et de déshonneur! »

Comme une autre Jérusalem, l'Italie est aujourd'hui dans la désolation : elle aussi est dans les fers, elle aussi a perdu son antique liberté, elle aussi a été couverte d'opprobre et de déshonneur ! La voyez-vous, cette grande désolée, la voyez-vous sur le bord de ses chemins, sur la muraille de ses remparts, faisant résonner tristement ses chaînes à l'oreille de ses tyrans !... Elle pleure, la nouvelle Rachel ! et comme la Rachel de Bethléem, elle ne veut plus être consolée, parce que ses enfants, ses jeunes et vigoureux enfants ne sont plus !... Voyageurs des quatre coins de l'Europe, puissances européennes qui vous glorifiez d'être les porte-étendard de la civilisation au dix-neuvième siècle, entendez-la, cette pauvre victime de la tyrannie autrichienne, vous dire, comme autrefois la fille de Sion :

« O vous tous, peuples d'Occident, qui êtes mes amis, considérez et voyez s'il est une douleur semblable à ma douleur, s'il est une infortune semblable à mon infortune, s'il est une désolation semblable à ma désolation ! Mes provinces, jadis si florissantes, ne seront bientôt plus que de vastes déserts ; l'élite de mes citoyens est emprisonnée dans des cachots infects et ténébreux, loin de mon beau ciel et de mon doux climat ; des massacres affreux ont ensanglanté mes villes et mes campagnes ; il ne m'est plus permis de chanter, une parole est punie par la prison et l'échafaud ; penser même est un crime ! Mes cités, jadis si belles, si joyeuses et si animées, ne sont maintenant que de vastes nécropoles!... Venise, autrefois le bazar, la Constantinople de l'Occident, qu'est-elle aujourd'hui? un cadavre décharné, une reine souillée de fange et dépouillée de toutes ses parures! Autrefois, toutes les nations venaient se prosterner devant le lion de Saint-Marc, mille vaisseaux cinglaient vers son port, ses doges dictaient des lois à l'Orient, des étrangers de tout pays étalaient, au milieu de ses places publiques, les plus riches produits, les marchandises les plus variées. Aujourd'hui Venise est une cité déserte, sans vie, sans mouvement; ses palais ont un aspect poignant, ses maisons ont une teinte de deuil, elle n'abrite dans sa rade que des vaisseaux ennemis. Au lieu des joyeuses barcacolles que modulaient jadis, au clair de lune, les insouciants gondoliers, on n'entend aujourd'hui que le rauque tambour des Autrichiens.

Milan, le foyer des patriotes; Padoue, la ville des étudiants; Florence, la perle de mon ancienne couronne; Plaisance, la sirène des bords du Pô; Naples, la cité des lazzaroni; Rome, l'éternelle Rome, ne présentent au voyageur étonné que des traces de dégradation, partout un air de ruines qui attristent les regards! J'étais autrefois le pays de l'amour, des parfums et des fleurs; de tout ce brillant passé, que me reste-il aujourd'hui?... La poussière, la mélancolie et les larmes. On a traîné ma blanche robe dans la boue; des hommes pleins de brutalité, et portant au front le signe de la Bête, m'ont indignement violée; je suis veuve de l'objet de mes amours, je suis victime de mon patriotisme, je suis martyre de ma liberté!... O vous tous qui êtes mes amis, serez-vous plus longtemps insensibles à mes douleurs?... »

Peuples de l'Occident, entendez cette grande lamentation qui vient de retentir par-delà les Alpes... Et toi surtout, France, ô ma patrie! à la vue de tant d'infortunes, resteras-tu dans la torpeur, et ne voleras-tu pas au secours de ta sœur d'Italie? Elle a mille droits à ta reconnaissance; elle a mille titres à la reconnaissance des peuples et des vrais amis de la liberté.

CHAPITRE II

Titres de l'Italie à la reconnaissance des peuples.

Le moyen âge tout entier milite en sa faveur : c'est l'Italie qui a sauvé l'Europe de la barbarie féodale; ce sont les papes, ces augustes représentants de la nationalité italienne, qui ont été, à ces époques d'ignorance et d'abrutissement, les mâles éducateurs de l'humanité. Protecteurs éclairés des lettres et des arts, ils ont toujours marché à l'avant-garde de leur siècle. Citer des noms serait inutile; il suffit d'avoir la moindre notion en histoire, pour savoir que le génie des papes fut pendant de longs siècles un génie civilisateur.

Ce sont les républiques italiennes qui ont produit le plus d'hommes utiles, de citoyens intègres et de génies supérieurs. Christophe Colomb, le gigantesque initiateur, et Doria, le terrible loup de mer, étaient Génois. Dante Alighieri, le grand proscrit, ce formidable héraut de la justice de Dieu et de la vengeance du peuple, était Florentin ; Galilée, le savant astronome, était Florentin ; Torricelli, Guy d'Arezzo, Gioa d'Amalfi, étaient Italiens, etc., etc. Si Saint-Pierre de Rome n'est pas aujourd'hui une mosquée, si le croissant a vu son éclat pâlir, l'Europe le doit à un grand pape et aux nobles enfants de la reine de l'Adriatique, comme l'Autriche doit au valeureux Sobieski de n'être pas musulmane !....

C'est en Italie que les poètes, les musiciens, les peintres, les écrivains de tous les pays ont toujours été chercher des inspirations.

Mère de la poésie, de l'éloquence et de l'esthétique, l'Italie conserve encore intactes les brillantes prérogatives de cette glorieuse maternité. Encore aujourd'hui cette Isola-Bella est le rêve de tout cœur ardent, de toute âme qui sent en elle le feu divin. Certes, nombreux sont de nos jours les enfants de génie qui forment l'immortelle et resplendissante auréole de cette privilégiée de la terre ; mais, sans toucher à l'histoire contemporaine, disons, en finissant, qu'aucun pays au monde n'a plus servi la cause de la civilisation que la patrie de Raphaël et de Michel-Ange, ce Napoléon des beaux-arts.

CHAPITRE III

**Titres de l'Italie à la reconnaissance des vrais amis
de la liberté.**

O vous tous, hommes généreux, qui avez fait de
la liberté l'idole de votre vie, vous qui avez publiquement offert de l'encens à cette auguste fille du
ciel et qui entretenez pour elle, dans l'impénétrable
sanctuaire de votre cœur, la lampe inextinguible
de l'amour, n'oubliez pas vos malheureux frères
d'Italie! Si vous ne pouvez pas vous enrôler sous
leur étendard, aidez-les au moins de vos prières et
de vos vœux, j'ajouterai même de vos biens. C'est
une dette que vous acquittez : l'Italie est la terre
classique de la liberté!... Salut à vous, fiers répu-
blicains de l'antique Rome, immortels enfants
de la noble Cornélie! Gloire à l'héroïque Alexandre III, le Philopœmen de la ligue lombarde! au
séraphin d'Assise, l'amoureux apôtre de la fraternité! à sainte Rose de Viterbe, la Jeanne d'Arc de
la Lombardie! au fougeux franciscain Zacopone,
l'irréconciliable ennemi de la tyrannie des empereurs! Gloire au pêcheur d'Amalfi, à ce naïf Ma-
saniello qui n'eut que deux amours dans le cœur :
sa mère et sa patrie! à Marino-Faliero, le vénérable
libérateur de Venise! à Jérôme Savonarole, le
sublime tribun, le Tibérius-Gracchus de la ville
de Médicis! Gloire à vous, immortel Pie IX, le glorieux gardien de la liberté et du bonheur des peu-

ples; chevaleresque Charles-Albert, illustre Manin, héroïques frères Bandiera, généreux d'Azeglio, savant Gioberti, éloquent Ventura, intrépide Balbo, évangélique Rosmini, brave comte Dandolo! Vous tous, héros de Novare, fiers Léonidas de ces nouvelles Thermopyles, vous tous, magnanimes apôtres de l'indépendance, je vous salue!

Accourez, accourez tous autour de votre mère! formez-lui escorte quand elle se présentera à la grande audience des peuples européens! Qu'en voyant un si imposant cortège, chacun puisse dire : Aide, secours et protection à l'intéressante et noble Italie, car elle a bien mérité de la civilisation et de la liberté ; il y aurait de l'ingratitude à délaisser au moment du péril cette féconde et loyale bienfaitrice du genre humain!....

LIVRE TROISIÈME

MISSION DE LA FRANCE

CHAPITRE PREMIER

Devoirs de la France à l'égard de l'Italie.

Peuples d'Italie! ne craignez pas l'intervention française ; appelez-la, au contraire, de tous vos vœux : la France ne fait jamais la guerre par esprit de conquête. Quand la cause des peuples est en jeu, la France a conscience de sa mission, elle a conscience de ses destinées : elle sait qu'elle est le soldat de Dieu ; que sa mission, par conséquent, est éminemment libérale, éminemment civilisatrice ; elle sait que le jour où elle viendrait à la trahir, cette mission, le châtiment de sa trahison ne se ferait pas attendre. Aussi, dans tous les traités, fait-elle peser, comme l'a si bien dit Napoléon III, son épée de Brennus en faveur de la civilisation ; aussi prend-elle toujours parti pour le faible contre le fort, pour l'opprimé contre l'oppresseur, pour la victime contre le tyran.

Partout où il y a une grande cause à servir, une idée juste et utile à faire germer, vous êtes sûr d'y trouver la France. Quand vous verrez un peuple marcher, enseignes déployées, dans la voie large du progrès, sans crainte de vous tromper, vous pouvez dire : « Les idées ou les armes de la France ont passé par là ! »

Des plis de nos drapeaux, comme d'une corne d'abondance, ont coulé sur les nations européennes la liberté, la justice, l'égalité civile et la fortune publique. C'est la patrie des grandes choses, des grands dévoûments et des grands sacrifices. Entre une question d'honneur et une question d'argent, pour nous servir de l'expression d'Hippolyte Castille, les autres peuples hésitent quelquefois ; la France, jamais. Les prudents de ce siècle, les agioteurs, les hommes de bourse ne cessent de lui crier : « Si tu livres cette guerre, si tu prends part à ce traité, tu perds tes richesses, tu ruines ton commerce, tu épuises tes veines. » — Eh bien ! s'écrie la France, que tout périsse, que tout soit perdu, fors l'honneur !...

Jadis la barbarie musulmane menaçait l'Europe : l'épée de la France, portée par la main vigoureuse de Charles-Martel, barra le passage à cette marée montante : « Halte-là ! lui cria-t-il, tu ne passeras pas ! » Quand, à la voix d'un ermite, l'Europe s'ébranla et courut à la délivrance des chrétiens d'Orient, la chevalerie française fut la première à planter son drapeau sur les remparts de Solyme!..

A la fin du dernier siècle, par-delà les mers, une jeune république se formait ; elle était faible, elle implora le secours de la France : quelques gentils-hommes avides de gloire et de liberté passèrent l'Atlantique, et voilà le drapeau français faisant le tour des Etats-Unis!... Encore quelque temps, et ce drapeau transformé va faire le tour de l'Europe.

Un jour, les Hellènes secouèrent leurs lourdes chaînes, le bruit se prolongea jusque dans l'Occident; la France entendit l'appel de la victime d'Ibrahim, et soudain voilà le pavillon français qui entre triomphalement dans la superbe rade de Navarin!

Il y a à peine cinq ans, dans son orgueil, Nicolas jette à la face des nations un insultant défi ; il menace de tout envahir, et voilà encore notre drapeau arrêtant l'ambition de l'Autocrate et sanctionnant l'indépendance des principautés danubiennes sous les murs de Sébastopol!...

Pour tant de sacrifices, que demande la France? — Rien... rien que le triomphe de la justice!

Peuples d'Italie, votre cause est juste, la France ne peut pas vous abandonner ; « elle ne saurait le faire sans manquer à ses intérêts et à sa dignité autant qu'à sa mission civilisatrice, qui ne lui permet pas de laisser faire sur le continent et à ses portes la traite des blancs, lorsqu'elle consent à s'entendre avec l'Angleterre pour faire cesser la traite des noirs sur toutes les mers. — Mais, dira-t-on, ce serait violer les traités de 1815!... En aucune façon, car ces traités ont été déchirés vingt fois par toutes les puissances et surtout par l'Autriche, à Cracovie, à Naples et ailleurs. Est-ce quand tout s'améliore, quand tout s'élève et s'épure autour de nous; quand les lois s'ouvrent d'elles-mêmes à la douceur des mœurs, s'humanisant de plus en plus; quand les mouvements de l'esprit humain, les découvertes de la science et celles de l'histoire tendent ensemble à se rapprocher de l'incomparable miséricorde de Dieu, qu'il faut maintenir des traités relativement violés, qui sacrifient le bonheur d'une nation à l'orgueil d'une autre! *. . . . . »

L'opinion publique est tout occupée de vous, Italiens, mes frères! et quand notre grand Empereur aura prononcé le mot décisif : « Aux armes! En Italie! » n'en doutez pas, les Alpes seront bientôt franchies; nos vaillants soldats voleront en masse à cette nouvelle croisade. Et bientôt du Tyrol aux Apennins, des plaines sardes aux lagunes de Venise retentira le cri sublime : « L'Italie est libre! »

Napoléon III a promis secours au Piémont; l'Empereur est homme de parole : seulement, invariable dans sa politique éclairée, il écoute la grande voix du peuple dont il est le représentant, il consulte l'opinion; il fera toutes les concessions possibles; il ne veut pas être agresseur; mais,

---

* *La Guerre c'est la paix*, par M. Anatole de la Forge.

quand le moment sera venu, son bras ne vous fera pas défaut; il l'a dit lui-même : — « Je suis le libérateur des peuples! » Oui, Prince, vous êtes le libérateur]des peuples, et votre place sera belle dans l'histoire. Sans contredit, la France est aujourd'hui la première nation du globe : jamais, peut-être, elle n'avait été si glorieuse, si respectée au dehors. Jamais peut-être n'avaient été accomplies de si grandes et de si belles choses. On est vraiment fier d'être Français sous un tel chef!

Ecrivain de l'école de Tacite, de Montesquieu et de Napoléon-le-Grand, Napoléon III, par ses travaux remarquables sur l'économie sociale, sur l'administration civile et militaire, se place au rang des plus grands politiques et des plus célèbres législateurs. La Constitution de 1852, l'affermissement de l'ordre, la guerre de Crimée, la neutralisation de la mer Noire, l'achèvement du Louvre, la construction des cités ouvrières, la continuation de la rue de Rivoli, le percement de boulevards nouveaux, la terminaison du port de Cherbourg et des grandes lignes de chemins de fer, la paix intérieure, les grandes réformes militaires et législatives, la protection incessante accordée à la religion, aux lettres, aux sciences et aux arts, et maintenant, j'en suis certaine, le secours porté à l'Italie — sans compter ce que l'avenir lui réserve — voilà quels seront les joyaux de la couronne d'un monarque qui a l'habitude de prendre pour juges de ses actions, Dieu, le peuple, sa conscience et la postérité!

CHAPITRE II

Solution de quelques problèmes.

Au point où en sont les choses, on peut dire avec certitude : « La guerre est inévitable ! » L'Autriche ne peut plus reculer. Voudrait-elle faire des concessions, les peuples lombards et le Piémont, cette noble tête de l'Italie, ne les accepteraient pas. Et, sans vouloir rien préjuger, sans prétendre nier l'heureuse issue du Congrès des cinq grandes puissances, il n'est pas douteux que le parti de la justice ne triomphe, surtout si la France vient à son aide.

Quant au Congrès dont l'ouverture doit avoir lieu incessamment, nous ne pouvons et nous ne devons rien en dire ; nous ne devons rien préjuger sur l'esprit qu'y porteront les agents diplomatiques munis des pleins pouvoirs de leur gouvernement réciproque ; qu'il nous soit cependant permis de manifester notre désir que le Piémont y ait aussi ses représentants et qu'on n'y traite pas en parias ces pauvres duchés de Modène, de Parme et de Toscane, où palpitent tant de cœurs vraiment italiens, et où chacun est on ne peut plus las de l'influence oppressive toujours fâcheuse qu'y exerce l'Autriche ; que le gouvernement Pontifical, surtout, y soit traité dignement, et qu'on trouve enfin le moyen de l'arracher à l'insupportable machiavélisme de la nation tudesque.

Mais pourra-t-on jamais se laisser prendre aux fallacieuses promesses du tyran, et croira-t-on jamais que le vautour voudra lâcher sa proie sans coup férir!... Oh, c'est par trop fort de naïveté et d'ingénuité!... Mais pourquoi donc tous ces préparatifs de guerre;... pourquoi ces deux cent mille hommes dans la Lombardie-Vénitienne, et pourquoi inonder ainsi ces beaux pays de soldats armés jusqu'aux dents, de canons et de munitions de guerre;... pourquoi violenter ainsi les paisibles demeures des habitants, et loger ces instruments de batailles jusque dans les couvents des pauvres filles du Seigneur!... Mais puisque l'Autriche est si douce et si bien portée, d'ailleurs, à la paix, pourquoi affecte-t-elle (par l'organe de ses feuilles) d'injurier la France et son illustre Empereur?... pourquoi tant d'invectives et de sarcasmes?... Ah!.. qu'elle le sache bien, cette fière et inique héritière de la fureur des Attila, ses insultes n'arrivent point jusqu'à nous;... la France est aussi magnanime de cœur qu'elle est juste et prompte dans les châtiments qu'elle sait faire subir à ceux qui l'insultent! Ainsi donc, que le Congrès actuel se tienne à Manheim ou à Berlin, à Paris ou à Londres, à Bade ou à Geneve, nous ne croyons pas à une bonne solution, et aucune puissance au monde ne saurait imposer à un peuple de subir impunément le joug d'un ennemi, si grand et si fort qu'il soit!... Le jour de la délivrance arrive tôt ou tard pour l'opprimé, et ce jour n'est pas loin pour l'Italie!...

Toutes les têtes bien pensantes seront de notre

avis; la presse n'a qu'un cri unanime sur ce point; et, pour nous borner à une seule citation, nous nous contenterons de répéter ici ce que disait, il y a quelques jours à peine, la *Gazette de Saint-Pétersbourg* :

« Quelles que soient les concessions que puisse faire l'Autriche, il est facile de prédire, sans être prophète, que la question Italienne n'en sera pas beaucoup plus avancée. Pour obtenir une solution sérieuse et délivrer l'Europe, une fois pour toutes, de la menace de conflagration et de troubles permanents, il est indispensable de saisir le taureau par les cornes, comme disent les Espagnols, c'est-à-dire d'éconduire les Autrichiens de la Lombardie, de façon ou d'autre. — Comment! de la Lombardie? — Oui, oui! et si vous connaissez un meilleur moyen de résoudre la difficulté, faites-nous le connaître, et nous vous donnerons un brevet d'invention.

« Le rappel des garnisons, les réformes intérieures, la rupture des traités particuliers, toutes ces mesures ne sont que des calmants provisoires. Admettons, enfin, que l'Autriche consente à se créer chez elle-même un danger et à octroyer des libertés politiques à la Lombardie, qu'en résulterait-il? D'abord, la Hongrie, la Bohême et les provinces slaves ne voudront pas être moins bien traitées que l'Italie, et par leur propre agitation elles aggraveront la situation intérieure de l'Europe.

« L'Autriche a comblé la mesure de la patience de l'Italie par sa conduite politique depuis quarante-cinq ans; elle ne peut plus espérer d'y gagner aucune sympathie, et, si elle entre dans la voie des concessions, les exigences s'accroîtront jusqu'au maximum de la question, qui est l'indépendance complète de l'Italie.

« .... Si vous souffrez que l'Autriche demeure éternellement en Italie dans les mêmes conditions, vous lui accordez le temps et vous lui donnez le droit de proposer l'asservissement de la Péninsule. On n'ignore pas les artifices qu'elle a su employer pour étendre sa domination. Du Nord au Midi, de la Baltique à la Méditerranée, elle a établi un cordon de pachaliks et de vassaux qui attendent ses sourires et ses ordres. Tout ce que vous lui retirerez aujourd'hui, elle le regagnera demain par la prière, la ruse et la menace; sa patience ne connaît pas d'obstacles, elle poursuit son but avec une obstination invincible.

« .... Quiconque se donnera la peine d'approfondir la situation actuelle, arrivera à se convaincre que les questions Romaine, Napolitaine, Toscane, etc., ne peuvent être abordées avant que la question Italienne soit résolue ; tout repose sur une idée d'indépendance. Voilà pourquoi nous sommes convaincus que la mission de lord Cowley n'a eu aucun succès. Mais alors il paraîtra sur la scène une autre puissance ; et, soit dans un Congrès, soit dans des notes diplomatiques, on montrera les blessures et les souffrances de l'Italie, qui réclament un remède immédiat. La question de l'indépendance Italienne surgira alors d'elle-même, et l'é-

tranger qui opprime cette terre classique sera dé
claré seul coupable de ses agitations et de ses mal
heurs.

« N'oublions pas, en outre, que l'Empereur des
Français s'est trop avancé pour reculer, *ce serait un
acte incompatible avec son caractère et sa dignité.*
Rappelons-nous encore que, si au commencement
de ce siècle, la France, malgré le manque d'argent et d'hommes, a su tenir tête à toute l'Europe,
de quoi ne serait-elle pas capable lorsqu'elle est
accompagnée de la *sympathie visible de la Russie*
et de tous les cœurs nobles qui veulent le bien de
l'humanité.

« Dans des conditions semblables, il ne faut que
de la bonne volonté pour que l'Autriche ne reste
plus qu'un poignant souvenir historique dans la
mémoire de l'Italie. »

Voilà, j'espère, qui est bien concluant et bien
vrai : l'Autriche ne fera aucune concession qui
puisse l'humilier dans son orgueil!... Elle voudra
toujours conserver ses limites actuelles...; elle n'en
continuera pas moins ses exactions envers et contre
tous les peuples soumis à sa domination, elle n'en
accablera pas moins d'impôts ses sujets italiens, elle
n'en enraiera pas moins l'industrie commerciale,
elle n'en subjuguera pas moins les intelligences et
il ne lui faudra pas moins continuer jour et nuit
ses patrouilles provocatrices, le sabre à la main
et les baïonnettes au bout des fusils!... Mais alors...
dans le cas échéant, je veux dire dans la supposi-
tion que les transactions diplomatiques n'abouti-

raient à rien, et c'est là notre crainte, qu'ont à faire les Italiens? — Alors... les Italiens s'immoleront pour le salut de leur pays et sauront toujours mourir pour défendre la sainteté de leur cause. Courage donc, pieux enfants de la malheureuse Italie : Piémontais, Lombards, Vénitiens, Modénois, Parmesans, Toscans, Liguriens, vous tous serviteurs d'une même patrie, courage! la cause que vous défendez est la cause de Dieu!... mourir pour son pays c'est avoir droit à l'immortalité... Courage, mes amis..., mais sagesse, patience, résignation et confiance!... Et, une fois victorieux, que doivent-ils faire? Réaliser le rêve de Mazzini et de ses partisans, ou constituer une Italie du Nord en faveur du roi de Piémont? — Mais il nous semble que ce serait raviver toutes les haines, remettre sur le tapis toutes les questions brûlantes d'autrefois ; ce serait sortir d'une guerre nationale pour entrer dans une guerre civile, la pire de toutes... Ce serait tomber évidemment de Charybde en Scylla.

Oh!... s'il nous était permis d'émettre une opinion dans une question de si grave importance..., nous dirions que le parti le plus juste, le plus patriotique, le plus conforme aux mœurs et aux antécédents des divers peuples de la Péninsule, serait de s'en tenir au programme suivant : 1° Donner à Venise son ancienne constitution républicaine, avec les réformes demandées par la nécessité des temps ; — 2° Etablir dans les différentes villes de la Lombardie le gouvernement fédéral des cantons suisses ; — 3° Obliger les ducs de Toscane, de Parme, de

Modène et le roi de Naples de rompre toute alliance offensive et défensive avec l'Autriche, de suivre à l'égard de leurs peuples la politique si libérale et si progressive du Piémont, et enfin de ne se considérer que comme les représentants de la partie de la nation qui leur est confiée ; — 4° Faire de l'Italie une vaste République fédérative qui aurait à Rome le siège de ses assemblées nationales ; et cette République aurait le souverain Pontife pour protecteur et Père, et le roi de Piémont pour président de droit.

Il nous resterait à parler ici de la question du temporel relativement à la Papauté. Sincèrement et franchement catholique, Dieu nous garde de dire ou d'écrire jamais le moindre mot qui pût tant soit peu porter préjudice à l'incomparable majesté de la religion. Nous professons, en outre, la plus grande estime et la plus grande vénération pour la personne du souverain Pontife, pour le chef actuel de la chrétienté ; nous savons aussi que le grand Pie IX est essentiellement et évangéliquement libéral, et que, sans l'influence autrichienne qui le cerne de toutes parts, il eût continué, toujours avec prudence, les sages et utiles réformes commencées en 1846..... Nous savons tout cela, et voilà pourquoi nous croyons qu'il serait éminemment avantageux à la cause du catholicisme et de l'humanité, non que le Saint-Père se dépouillât de son gouvernement temporel, mais qu'il n'eût que des laïques à la tête de son État...

Qu'on se méfie des perfides insinuations de l'hérétique Albion ; son intérêt est de diminuer la puissance de la France ; son but est de détruire le prestige de la Papauté! Catholiques, veillez sur le dépôt sacré confié au successeur de saint Pierre, et cimentons, s'il le faut, de notre sang cette foi vraiment chrétienne que la religion a mise en nos âmes ; ayez les yeux fixés sur les malheurs de l'Irlande... Pie IX, l'illustre Pie IX, ne veut que des ouailles et non pas des sujets ; il veut être le père de tous et le vrai roi de son cher peuple aussi bien que de toute la chrétienté : Rome, la ville éternelle, sera la résidence et la capitale de ses Etats et de tout l'Empire catholique. Tous les peuples chrétiens, enfin unis par le plus vif amour, béniront leur Père et leur chef spirituel. Ils béniront dans un hymne commun celui qui prie chaque jour le Père qui est dans les Cieux de verser sur ses enfants des trésors de grâce, d'abondance et de prospérité!...

Et alors la religion chrétienne brillera d'un nouvel éclat; alors elle reprendra sa légitime influence sur les esprits et sur les cœurs, sur les individus, les familles et les sociétés; alors, enfin, les ennemis du catholicisme seront confondus : tout viendra se grouper autour de la Chaire apostolique, et la grande unité spirituelle ne sera jamais plus interrompue.

Aux adversaires de l'opinion que je viens d'exposer je donne à méditer le mot si évangélique de saint Grégoire-le-Grand : « Je suis le serviteur des serviteurs de Dieu ! » et la sentence infaillible du Christ : « Tu es Pierre, et sur cette pierre je bâtirai mon Eglise, et les portes de l'enfer ne prévaudront point contre elle. »

Que celui-là entende qui a des oreilles pour entendre.

ÉPILOGUE

. . . .

. . . . Et il me sembla que je sortais d'un long et pénible sommeil ; quelque épouvantable cauchemar avait dû peser sur moi, car ma poitrine était oppressée, et je pouvais à peine avoir ma respiration.

Le Génie des peuples était toujours à mes côtés..... ; il avait pris des proportions colossales, et les banderolles de la branche d'olivier s'étaient changées en autant de superbes drapeaux, et le ciel était devenu tout noir ; des nuages sombres et bizarres couvraient l'atmosphère. Pourtant, il y avait, du côté où le soleil se couche, un coin du ciel que les nuages n'avaient pas envahi.

De grands feux étaient allumés, çà et là, dans la plaine : j'entendais dans le lointain de vagues et sourdes rumeurs semblables aux mugissements de la mer ; les enfants de la femme se rangeaient en épais bataillons ; la montagne tremblait ; le tonnerre gronda ; j'allais assister à quelque scène terrible, à quelque immense catastrophe.....

En effet, voilà qu'à l'horizon septentrional apparaît une seconde fois le sinistre vautour; une multitude innombrable d'hommes armés lui faisaient escorte, et ces hommes ressemblaient aux hyènes du désert, portant sur leurs faces patibulaires les signes de la bassesse, de la vengeance et de la cruauté.

Et la femme, toujours enchaînée au pied de l'orme, redoublait ses cris; elle était dans les transes de la mort, car elle entendait les hurlements affreux, les ricanements sataniques des compagnons du vautour.....

Mais voici que, du côté où le ciel n'avait pas été envahi par les nuages, je vis arriver un aigle superbe, au regard imposant, au vol rapide et majestueux : une troupe d'élite de jeunes et nobles guerriers, fiers comme des lions, agiles comme des gazelles, suivaient de loin en loin, échelonnés sur les montagnes, le magnanime roi de l'air.

Je vis ensuite ces jeunes guerriers descendre dans la plaine et se joindre aux enfants de la femme...

Alors, tout près de l'orme séculaire, il y eut un grand combat, un combat comme il ne s'en était jamais vu. Et les instruments de guerre faisaient entendre leurs foudroyantes détonations..... Et la terre était jonchée de cadavres, et le sang coulait à flots dans la plaine....... C'était affreux à entendre les cris et les hurlements de ces féroces guerriers, les plaintes et les lamentations déchirantes des mourants... J'ai vu périr la fleur de

notre jeunesse, l'élite de nos soldats... J'ai vu !...
Oh! Dieu, c'était horrible à voir... C'était un
vaste champ où gisaient mourants les plus nobles enfants de l'Italie!..... Mais il arriva que les
hommes du côté du Nord furent exterminés et
que les hommes du côté du Couchant furent vain-
queurs. Le vautour, terrassé par l'aigle, regagna
honteux et presque seul son repaire abandonné...,
car plus nombreuses encore avaient été les victimes
de son côté.

Quand le combat fut fini, les enfants de la femme s'approchèrent de leur mère en chantant des
hymnes de joie en l'honneur de sa délivrance,
et brisèrent les chaînes qui, depuis un demi-
siècle, meurtrissaient ses membres amaigris.

Au même instant, le ciel s'éclaircit ; les noirs
nuages se dissipèrent ; les fleurs du jardin repri-
rent leur chatoyant coloris ; l'herbe des prés se ra-
nima à la douce rosée du matin ; les oiseaux du
ciel chantèrent le retour du soleil, l'arrivée du
printemps et les douceurs de l'amour.

La femme martyre, plus belle, plus vigoureuse
que jamais, embrassait ses enfants ; mille actions
de grâces s'élevaient au ciel à la gloire des libéra-
teurs.

Or, le Vieillard de la grande ville était monté
sur la terrasse du temple et avait suivi, en priant,
le drame sanglant dont l'Italie était le théâtre ; il
suppliait l'Eternel de prendre pitié de ses enfants,
et puis, contemplant le ravissant spectacle qui se
déroulait devant lui, ses yeux pleuraient de joie ;

nouveau Moïse sur le Sinaï, son visage était radieux et resplendissait de beauté...; il étendait ses blanches mains, il bénissait son peuple..., il bénissait le monde...

Et des quatre coins de la grande plaine sortaient de mille bouches à la fois ces mots d'une indéfinissable et inénarrable tendresse : « *Gloire à Dieu dans le Ciel ! Paix sur la terre aux hommes de bonne volonté ! Amour ! Fraternité !* »

DEUX MOTS POUR CONCLUSION

De tout ce que nous venons de dire, faut-il conclure maintenant que nous mettions en doute la possibilité d'un arrangement pacifique et honorable pour toutes les parties intéressées, et que nous voulions l'anéantissement de l'empire autrichien quand même?... Non! Pas le moins du monde. — Nous désirons, pour la gloire de notre patrie et le bonheur de l'Italie, une solution honnête, digne de la France, digne de l'Italie ; nous désirons que le vœu de la justice soit entendu. Nous voulons tout simplement que l'Autriche restitue le bien d'autrui, c'est-à-dire qu'elle recule jusqu'à ses frontières légitimes, jusqu'au Tyrol et aux Alpes Carinthiennes. Alors le très gracieux empereur de ce pays pourra gouverner tranquillement et comme bon lui semblera les pacifiques habitants de son empire très chrétien. Ce n'est pas nous qui l'inquiéterons.

Oui, c'est très bien jusque-là ; mais si l'Autriche abandonne ses prétentions sur l'Italie, par le même principe elle doit abandonner ses prétentions sur la Hongrie, sur la Bohême et la Gallicie, et alors il y a guerre européenne... Nous le savons ; mais cela ne prouve rien contre la légitimité de la cause italienne.

Je ne suis ni prophétesse ni fille de prophète, cependant voici mon dernier mot :

.... Quand l'Italie, la Hongrie, la Bohême, la Grèce et la Pologne auront reconquis leur nationalité ; quand le musulman sera chassé de l'Europe, de l'Asie même, et sera confiné dans les déserts de l'Afrique ; quand le monopole des mers sera détruit ; quand l'Irlande sera complètement émancipée ; quand la France aura repris ses limites naturelles ; quand le Vicaire du Christ sera le père, le protecteur et l'ami vénéré de toutes les nations... Alors, mais seulement alors, il y aura paix universelle... Alors, mais seulement alors, l'abbé de Saint-Pierre ne sera plus traité de rêveur !

Mais quand cela sera-t-il ? Dieu seul le sait.

Inclinons-nous devant son infinie grandeur et sa toute-puissance.

FIN

TABLE DES MATIÈRES

FIN DE LA TABLE.

(489.) — Dijon, imp. J.-E. Rabutôt.